JN076063

住民参加・住民投票を 考える

稲　葉　　馨 [編著]
川眞田嘉壽子

成文堂

はしがき

　住民投票制度研究の「中間まとめ」に向けたシンポジウム…わが国における住民投票制度の歩みの中で、画期的な意味を持つのが、1996年に実施された2つの住民投票、すなわち新潟県西蒲原郡巻町の《原子力発電所建設をめぐる住民投票》および沖縄県の《日米地位協定の見直し・基地の整理縮小に関する住民投票》である。いずれも独自の単発条例に基づくもので、それ以前に実施された住民投票が法令（例えば、町村警察の廃止に関する住民投票は当時の警察法40条以下）に根拠を持っていたのと対照的であった。その1996年から数えると、本年は26年目、つまりほぼ四半世紀が経過することになる。この間、条例数の増加は当然のこととして、実施例も増え、外国の制度との比較を含む研究の蓄積も見られる。特に注目すべきは、いわゆる「個別型・重要争点型」だけでなく、あらかじめ住民投票の一般的制度化をはかり、要件をみたせば当該条例に基づいて住民投票を実施することができる「常設型・一般的制度型」の条例が、愛知県高浜市条例（2000年制定）を皮切りに制定されるようになったことである。

　このシンポジウムでは、①住民投票をめぐる今日までの四半世紀の状況をどう見るか、②これからどのような方向に進むべきと考えるか、③その際、韓国のように、「法律によって住民投票の一般的制度化をはかるべきか否か」、④その他韓国の経験から学ぶべき事は何か、⑤住民投票を自治体職員の目から見るとどのような課題があるか、等々、自由にお話しいただきたいと思います。

　ちなみに、基調講演をされる武田真一郎・成蹊大学法学部教授は、ご専門は行政法ですが、売れっ子の住民投票制度研究者でもあり、単著『吉野川住民投票—市民参加のレシピ』（2013年、東信堂）などの業績があります。また、申龍徹・山梨県立大学教授は、日韓両国の公務員制度・住民参加・住民投票などの専門家であり、山口道昭教授は、広く地方自治・自治体政策法務などに通じたわが法学部のエースです。

2022年11月　　　　　　　　　　立正大学法学部教授

稲　葉　　馨

目　　次

開会の挨拶

稲葉：それでは、定刻になりましたので、ただ今から立正大学法学部・法制研究所主催、令和4年度第17回公開シンポジウムを開催いたします。初めに、法制研究所所長・川眞田嘉壽子より開会のごあいさつをさせていただきます。では、お願いします。

川眞田：皆さまこんにちは。立正大学法制研究所長の法学部教授・川眞田嘉壽子です。この秋の好天のよき日に、お忙しい中、たくさんの方々に2022年度の第17回立正大学法制研究所シンポジウム「住民参加・住民投票制度を考える」にご参集を賜り、心より御礼申し上げます。

　立正大学法学部・法制研究所では毎年、通常11月から12月にかけてさまざまな法領域について、時宜にかなったテーマを専門家によって検討するシンポジウムを開催しております。ここ何年かのシンポジウムのタイトルをご紹介いたしますと、昨年、2021年度は「刑事司法・少年司法の担い手教育—司法の課題と大学教育のこれから—」として、刑事司法・少年司法の分野の課題を検討いたしました。また、2020年度は「グローバルに見た日本のLGBTと人権保障」という講演会を開催しまして、性的少数者の問題を取り上げました。また、2019年度は「共生社会の実現に向けて」と題して、外国人労働者問題を考える機会としました。2018年度は「環境行政法の新しい視座—主として土壌汚染問題に関する日韓比較を通じて—」として、環境問題を国際的に検討いたしました。

　さて、本日の2022年度のシンポジウムでは住民参加・住民投票制度を取り上げます。このシンポジウム開催に当たりましては、コーディネーターである本学の稲葉馨先生のご尽力によりまして、学外からこの分野のトップランナーである成蹊大学教授の武田真一郎先生と山梨県立大学教授の申龍徹先生をお招きし、加えて本学の山口道昭先生に加わっていただくことになりましたこと、大変喜ばしく、光栄に存じます。

　本日はこのように素晴らしい先生方から、住民参加・住民投票制度について多角的な、そして最新の知見を学ばせていただくことを楽しみにしております。それでは、コーディネーターの稲葉先生、どうぞよろしくお願いいたします。

企画主旨

稲葉：どうも、川眞田所長、ありがとうございました。続きまして、本シンポジウムのコーディネーターを務めております、私、稲葉のほうから、このシンポジウムの趣旨について簡単に説明させていただきます。

　本日は立正大学法学部および法制研究所主催のシンポジウムにオンライン参加をいただきまして、誠にありがとうございます。シンポジウム開催に当たり、簡単にその趣旨について説明させていただきたいと思います。

　住民投票制度、ここでは住民が投票を通じて直接に意見を表明することにより、その民意を当該地方公共団体の意思決定に反映させるための制度としておきますが、この住民投票制度につきましては、古い話を別にしますと、1996年に当時の新潟県西蒲原郡巻町、現在は新潟市に併入されておりますが、と、沖縄県で単発の条例に基づく住民投票が実施されてから、四半世紀が過ぎました。その後、21世紀に入ってから、いわゆる常設型条例が登場し、武田教授のまとめによると2017年6月現在、67条例に達しているということです。他方、山口報告でも明らかにされるように、近年、住民投票条例制定の動きに一種の陰りの兆候が見られるのではないかという声も聞こえてきます。すなわち、今年の7月に兵庫県の上郡町、上に郡の町というふうに書きますが、上郡町で産廃処分場設置の賛否を問う住民投票が実施されるまでの2年間、条例に基づく住民投票は一件も実施されてこなかったのであります。

　そこで、このシンポジウムでは日本型住民投票制度の、いわば中間総括をしてみてはどうかという結論に至りました。この四半世紀における住民投票制度の動きをどのように評価していくか、今後の方向として法律制定による拘束型の住民投票制度を目指すべきか、それとも諮問型を維持すべきか、この2つの論点は個々の住民投票条例の構成にも影響するところ大でありまして、重要な論点となると思います。また、韓国住民投票法、いち早く韓国では住民投票法が制定されておりますけれども、この経験に学ぶ際の視点にもなるのではないかと思っております。パネリストの武田さんは恐らく今日、

住民投票制度について最も真面目に考えている研究者の一人であり、昨今の
マスコミ等への露出度から見ても基調講演を委ねるにふさわしい方かと思い
ます。申さんは韓日の住民参加・住民投票に関する論文を執筆しており、両
国の実態にも通じた研究者として貴重な存在であります。また、山口さんに
は行政学・政治学、特に自治体政策法務の専門家として一味違う報告をして
くれるのではないかと期待しております。

　なお、3本の報告が終わった後で40分程度、質疑応答の時間を取ってありま
す。各報告についてご質問のある方は、3名の報告が終了するまでに画面
のＱ＆Ａに書き込んでください。質問に際してはどのパネリストに対する
のかを明記し、万事簡明にお願い申し上げます。回答はこの後の質疑応答の
時間にまとめて行います。

　それからもう一点、すべての参加者に対してアンケートを予定しておりま
す。今後、Formsでお送りしますので、アンケートの返信もよろしくお願
いいたします。以上で私の趣旨説明とさせていただきます。

　それでは、武田さんにまず基調講演を行っていただきます。武田さん、よ
ろしくお願いします。

基調講演
「住民参加・住民投票制度を考える」

武田：ご紹介をいただきました、成蹊大学の武田と申します。専門は行政法です。住民投票の第一人者のようにご紹介いただきましたが、法律学者で住民投票の研究をしている人はあまりいないので、ちょっと真面目にやっていると第一人者のように見えてしまうのかもしれません。今日のお話は最初の30分ぐらいで理論的なお話、理屈を座学でお話ししたいと思います。最後の20分ぐらいで私が経験しました徳島市の吉野川の住民投票について、住民投票というのは実際にはこういうものだということをお話ししたいと思っています。今、皆さまの画面にレジュメが映っていると思いますが、これはあらかじめホームページ上でお送りしているのと同じものです。今日はこのレジュメと、あと PowerPoint で吉野川に関する資料を用意していますので、徳島の話になったら PowerPoint の画面を使いながらお話ししたいと思います。

　まず最初に、今日、話題になっている住民投票というのは地方自治、特に住民自治を活性化させるためのツールと位置付けられていると思います。ここでごく簡単に、なぜ地方自治が必要なのかということについて考えてみたいと思います。私はいつも地方自治法の授業を担当する時に、最初に学生に質問するんですけれども、皆さんは今日の夜、何を食べたいでしょうか。そういうふうに聞きますと、かつ丼とか、きつねうどんとか、カレーライスとか、いろんな答えが出てきますが、皆さんもいろいろ頭に浮かんだんじゃないかと思います。これがもし、例えば国が出てきて、今日の夜はかつ丼なんかやめなさい、補助金を出すからフランス料理フルコースにしなさい、あるいは高級な懐石料理にしなさいと言われたら恐らく、うれしいと思う人もいるかもしれませんが、多くの方は大きなお世話だと感じるんじゃないでしょうか。これはやっぱり、人間は自分の基本的なことは自分で決めたいという自己決定の欲求があるわけですね。恐らく地方自治というのもそれと同じことで、自分の地域のことは自分たちで決めたいという地域の自己決定という

要求があると思います。これを実現する上で住民投票が重要なのではないかと私は考えています。

　少しだけアメリカの話をさせていただきたいと思います。アメリカでは州の憲法で自治体に自治憲章制定権、ホームルールともいいますが、自治憲章の制定権を認めている州がかなりたくさんあるんですね。この自治憲章というのは住民の直接請求によって、その町の基本原則、自治憲章とかホームルールとかいわれていますけれども、それを自分たちで、直接請求で決めるという制度なんですね。この自治憲章が制定されると、州法と同じ効力を持ちます。州法と同じでは不十分だということで、最近はカウンティという、日本で言うと恐らく都道府県に相当する自治体なんですけれども、カウンティ憲法の制定権を認めている州もあるんですね。このカウンティ憲法が制定されると、州憲法と同じ効力を持ちます。

　この自治憲章という制度は1875年にミズーリ州の憲法が初めて採用したものですが、私はちょっと前から気になっていまして、このミズーリ州の憲法の自治憲章に関する規定を調べてみたんですが、まず住民の直接請求によって自治憲章を制定すべきかどうかの住民投票をやるんですね。賛成多数になりますと、自治憲章委員会というものが設置されます。そこで起案をして出来上がると、さらに住民投票が行われるんですね。賛成多数になると、自治憲章が制定されるということになります。つまり、自分たちの町の基本原則を直接請求で、住民投票によって自分たちで決めているということなんですね。この自治憲章自体が直接請求で制定されますので、自治憲章ができると、その中には当然、充実した住民投票制度が設けられています。日本に当てはめると、地方自治法を自分たちで決めているということになりますので、こういう先進的な自治の制度をとっている国もあるのだと。しかも19世紀からこういう制度が制定されているわけですから、世界にはいろいろな制度があるものだと改めて痛感いたします。

　それでは、日本の話に入りたいと思いますが、まず最初に、住民投票とは何かという問題を考えておきたいと思います。私たちの生活で一番身近な投票は、言うまでもなく、選挙の投票ですよね。しかし、選挙の投票のことを住民投票とはいいません。住民投票というのは選挙のように間接民主制の代

表を選ぶ投票ではなくて、直接民主的な投票のことをいうと考えていいと思います。この直接民主的な投票というのは、これは世界中どこに行っても3種類あるといわれています。一つが表決、レファレンダムといいますけれども、ある争点の賛否を問う、例えば可動堰（かどうせき）建設に賛成か反対かというように賛否を問う投票ですね。

　次の発案の投票というのは、法律案や条例案を提出して、議会を経ずに賛否を問う投票を意味します。この発案の投票で条例案が賛成多数になると、議会を通さずに条例が制定されるということになります。表決は反対型の投票になりやすいんですね。賛成のためにわざわざ投票をやるということはあまりないですし、賛成と決めてもそれだけでその問題が進んでいくとは限らないですよね。反対ということになると中止になって効果があるので、表決の投票は反対型の投票となる傾向があります。これに対して発案の投票は、例えばうちの町にもっと保育所を増やしてほしいという時には、保育所設置条例の賛否を問うという形で、予算も考慮した上で投票を実施して、賛成多数になると、保育所を設置することが可能になるわけですね。従って、この発案の投票は提案型の投票も可能であるということになります。しかし、日本ではこの発案、イニシアチブの投票は存在しません。ちなみに、アメリカでは発案の投票が住民投票の中では多数を占めています。

　もう一つは罷免、リコールですけれども、これはご存じのように、公職にある者を辞めさせるための投票です。日本でも地方自治法にかなり詳しい規定があります。これは有権者の3分の1以上の署名を集めると必ず投票が実施されて、賛成多数になるとその者は失職するという制度になっています。逆に言うと、日本ではきちんと法律に規定されている住民投票はこのリコールだけです。またこの点は後で触れたいと思います。

　もう少し実質的な定義をしますと、私はこの資料の雪印に書いたように、住民が賛否両論に耳を傾け、より説得的な意見に一票を投じて政治や行政に民意を反映させる制度ということができるかと思います。この賛否両論に耳を傾けるということが重要なんですよね。あらかじめ反対とか賛成とかいうのではなくて、きちんとよく聞いて自分の意見を形成する、そういう制度といえるかと思います。

　次に、なぜ住民投票が求められるのかということですけれども、住民投票は間接民主制・代表民主制の原則に反するという人もいまだに根強く、一定数いるんですが、確かに日本を含めた現代国家が選挙制度を中心とする間接民主制・代表民主制を採用していることは疑いがありません。人類の歴史の中で、選挙に勝る民主主義の制度というのはまだ発明されていないんですね。何もかも住民が決めるわけにいかないですから、これは間接民主制を中心にせざるを得ないわけです。しかし、この選挙制度には非常に大きな欠陥があります。いくつかありますけれども、恐らく最大の欠陥は選挙で選ばれた住民の代表が民意を反映するとは限らないということです。住民が望むことをしない、住民が望まないことをしようとする、これによって間接民主制が機能不全を起こしてしまうことがしばしばあるわけですね。

　私はそのキーワードは環境と財政だと考えています。後でご紹介する徳島市の吉野川の住民投票もそうですけれども、可動堰を建設すると、効果が疑わしい反面で、長良川のようにヘドロがたまったりして、環境に多大な負担をかける可能性が高いのです。しかも、費用も1,000億円、あるいは2,000億円といわれていましたけれども、1,000億円としても80万人の徳島県民一人当たり12万5,000円かかるわけですね。それだけのお金があったら、もっと住民の生活に役に立つことに使ってほしい、多くの人がそう考えるのは当然のことですよね。しかし、こういう住民の環境や財政に対する関心の高まりに、議会や行政の意識が追いついていないという現状があることは否定できないと思います。いまだに各地で必要性の疑わしい公共事業がどんどん進んでいるわけですが、八ッ場ダムにしても、諫早湾の干拓にしても、あるいは辺野古の新基地建設にしても、本当に必要性があるのかどうか非常に疑わしいわけですが、これは放っておくとどんどん進んでしまうわけです。そこで、直接民主制によって住民投票をして、きちんと民意を聞いてほしい、それによって是正をする必要性がある、多くの人がそのように考えて、住民投票を求めているといえるかと思います。

　しかし、いざ住民投票をやろうと思うと、非常に難しいのです。まず一つの理由は、法律がないことです。日本で住民投票に関する法律は、先ほど申し上げましたように、事実上、地方自治法のリコールだけなんですね。リ

コールはかなり充実した制度があるんですけれども、これを含めて４つしかないのです。

　一つは、憲法95条の特別法制定のための投票というのがあるんですが、これは昭和20年代に18件ありました。広島平和都市建設法とか、あるいは軽井沢の役場の前に軽井沢国際観光都市という看板が立っていますけれども、これも軽井沢国際観光都市建設法という法律が制定されて、それで国際観光都市になっているのです。こういう制度があるんですけれども、これは廃れてしまって、もう今はほとんど行われていません。あとは、合併特例法に合併協議会設置の賛否を問う投票制度がありました。これも非常に中途半端な制度で、合併そのものの賛否を問うんじゃないんですね。住民に決めさせたくなかったのかもしれませんが、協議会設置の賛否を問うという投票制度が設けられています。もう一つは、大阪で２回投票がありましたけれども、特別区設置法、これは正式な名前じゃないですけれども、市を廃止して特別区を設置し、大阪府を東京都みたいな構造にしようと、そういう法律でしたが、これも非常に特殊ですよね。この４つしかないんですね。その結果として、地域の重要争点について表決、レファレンダムの投票をしようと思っても、法律がないのです。それで、住民投票条例を制定して、条例に基づいて実施することが必要だということになります。

　ところが、この条例制定が非常に難しいんですね。全国の可決状況を見ますと、1979年から2020年８月までの間に住民投票条例が議会で可決されたのは40％程度です。つまり、60％は否決されている。しかもこの大半は合併に関する住民投票なんですね。合併に関するものは49.3％、５割弱が可決されています。これは合併を進めるという国策だったので、国策のために住民投票が利用されたということだと思います。それ以外の、私は重要争点型と言っていますが、合併以外の、巻町の原発の例にしても、徳島の可動堰の投票にしても、こういう地域の重要争点について賛否を問う条例については16.7％しか可決されていないんですね。つまり、約85％、８割５分は否決されてしまっているというのが現状です。2007年ぐらいの時点で、各地の自治体の議会で住民投票条例が審議された例というのは1,000件を超えています。小さい市町村だと報道されないこともありますので、なかなか正確な数を把

握するのは困難なんですが、私がこの間まで代表を務めていた［国民投票／住民投票］情報室の調べによると、こういう結果になっています。この傾向は変わっていないと思います。

　なんでこんなに否決されてしまうのかといいますと、それは先ほど申し上げましたように、間接民主制の機能不全を是正するために住民投票が求められているわけです。議会や行政が環境や財政に負担をかける事業をしようとしている。それに対して住民が待ったをかけるような形で、投票の実施が求められているわけですね。ところが、議会や行政、間接民主制の側はその事業を推進したいのですから、住民投票なんかやりたくないのです。住民に口を出されたくないのです。しかし、住民投票条例を審議して可決するのは議会、間接民主制の側ですから、資料に書いたように、間接民主制の機能不全を是正するために条例制定が求められているのに、間接民主制の機構がそれを判断するという構造になっているわけです。ここには根本的な問題が潜んでいると思います。

　じゃあ、どうしたらいいかということなんですけれども、一つは、住民投票法をつくればいいわけですね。しかし、現時点で住民投票法をつくりますと、例えば国の事業は対象にならない、あるいは必要署名数が非常に高く設定されたりして、住民投票制限法になってしまう可能性があります。こういう事態を避けるためには、まず地方で創意工夫してよい住民投票条例をつくって、それから国のレベルで法律をつくる、こういう地方から積み上げる形のほうが望ましいのではないかと私は考えています。実は情報公開制度がこういうパターンをとっているんですね。情報公開条例というのは1982年に山形県の金山町という、秋田県との県境の北のほうの小さな町ですけれども、まだ合併しないで存続しているようですが、その町が最初に制定して、全国に広がりました。各自治体が工夫して非常に優れた情報公開条例ができるようになりましたので、国が変な情報公開法をつくれなくなってしまったのです。この情報公開の例が参考になると思うんですけれども、地方から積み上げていくということが必要なのではないかと考えています。

　この条例をつくる場合に、最近、非常に増えてきているのが常設型住民投票条例というものです。これはあらかじめ住民投票の手続を決めておくわけ

ですね。所定の署名が集まったら必ず投票を実施する、長や議会は拒否できないというタイプの住民投票条例です。これまで、例えば巻町の原発にしても、徳島の吉野川の住民投票にしても、個別の事例に対して適用する、単発といいますか、使い捨ての条例だったんですね。このように、個別の案件ごとに条例を提案すると否決されてしまう可能性も高いですから、あらかじめ手続を設けておく、一定の署名が集まったら必ず投票を実施する、こういうタイプの条例を常設型住民投票条例といいますが、現在、70ぐらいの自治体が制定しています。鳥取県は県レベルでありますし、広島市は政令指定都市のレベルで常設型の条例を制定しています。2000年に愛知県の高浜市が最初の常設型の条例を制定しました。それで少しずつ広がっているんですけれども、ただ市町村合併で、せっかく制定した自治体が合併して条例ごとなくなってしまったというケースも少なくありませんが、現在、70ぐらいあることが分かっています。

　では、この常設型の住民投票条例を制定する時にどういう点が問題になるかということを、次に考えてみたいと思います。まず出発点になるのが、投票結果に法的な拘束力を持たせるかどうかということがまず問題になります。住民投票には結果に法的拘束力がある拘束型と、法的な拘束力がない、長や議会、あるいは住民に結果の尊重義務が生じる、諮問型とか非拘束型というふうにいわれていますが、この2つのタイプがあります。私の知り合いのアメリカ人に、日本では法的拘束力がない投票も住民投票というのかと聞かれたことがあるんですが、諸外国では住民投票というと、むしろ拘束型が前提となるようですが、日本はそこまで行ってないわけですね。さっき見た法律で制定されている4つの住民投票はすべて結果に拘束力がありますけれども、これまで条例によって行われた住民投票はすべて非拘束型です。

　これはなぜかといいますと、憲法94条を見ると、地方公共団体は法律の範囲内で条例を制定することができると規定されています。そうしますと、地方自治法で認められた長や議会の権限を条例に基づく住民投票で拘束できるか、という問題が起こります。これはできないという見解が有力です。私個人は自治体の事務であれば、規定の仕方を工夫すれば拘束型の条例も不可能ではないと思っていますが、ここは結構大きな論争になるところですので、

差し当たり条例に基づく住民投票制度をつくる時は非拘束型、諮問型でもやむを得ないのかなと感じています。

　実際、非拘束型がすべてなんですけれども、投票結果がどうなったかということを調べてみますと、ほとんどの事例では投票結果が尊重されて、政策が変更されているんですね。これも皆さまにはお配りしてありますが、これまでに実施された47件の、合併以外の地域の重要争点型の住民投票の一覧表を本日の資料としてホームページにアップしていただきましたけれども、私が確認できたものは本当に主観なんですけれども、尊重されたものは○、されなかったものは×、どっちとも言えないものは△を付けてあるんですが、ほとんどのケースは結果が尊重されて、政策が変更されています。つまり、間接民主制の機能不全が住民投票によって是正されていると見ることができるんですね。これは投票をやると、たとえ非拘束型であっても、その争点に関する、いわば生の民意が示されるわけです。これは相当な民主的な正当性がある、あるいは政治的な拘束力があるわけです。こういう結果を見ますと、あまり無理して条例で拘束型をつくらなくてもいいのかなという気もしております。

　次に、投票対象の問題ですが、常設型の住民投票条例には投票対象を制限しないものと、投票対象を制限しているものがあるわけです。投票対象を制限しているものは、これは高浜市がこういう規定にしたので、それがひな型になってほかの自治体もそれに倣っているというか、まねをしているんですけれども、市政運営上の重要事項でないと駄目だと。さらに、市の権限に属さない事項とか、税金・手数料に関する問題、あるいは組織人事に関する問題、特定の人や地域に関する問題、その他市長が住民投票の対象として適当でないと認めるものは駄目だと書いてあるものが大多数なんですね。こういうふうに投票対象を制限しますと、いつ、誰が投票対象に当たるのかということを判断するのか、そういう問題が起こるわけです。多くの事例では市長が判断すると考えているようなんですけれども、市長がこんなものは重要事項じゃない、市の権限に属さないから駄目だと言うと、投票ができなくなってしまうわけですよね。これは事実上、市長に拒否権を認めたことになります。ですから、私は対象は制限しないで、特に拘束力もないわけですから、

必要な署名が集まった事項が市政運営の重要事項なんだと考えればいいと、私はそう考えています。

　今、ご説明したように、投票対象を制限すると事実上、市長等に拒否権を認めることになりますから、これは本来の意味での常設型とはいえないということで、私は不真正常設型条例と呼んでいます。これに対して投票対象を制限せず、市長や議会が拒否できない、これが本来の真正常設型条例だと考えています。今、大半の条例は不真正常設型条例なんですね。私は高浜市長とお会いする機会があったので、高浜市では一体、いつ、誰がこの点を判断するつもりだったのですかとお聞きしたことがあるんですけれども、市長の答えはそこまで考えていませんでしたということでした。ちなみに、神奈川県大和市の条例は市政運営上の重要事項と書いてありますけれども、それだけなんですね。事実上、長に拒否権がありませんから、大和市は少なくとも真正常設型といえるかと思います。

　次に、投票資格者ですが、これは選挙の有権者と同じにしているところもありますけれども、条例で決められますから、18歳未満の人、16歳とか15歳という例もありますね。あと、住民以外に在学・在勤者にも投票資格を認めたもの、あるいは最近は外国人の投票資格を認めるものも増えています。もともと永住資格がある人と特別永住者に限る例が多かったのですが、今は外国人住民登録制度というのができまして、3カ月以上滞在する外国人は在留カードというのが交付されています。この制度の対象者、つまり、中長期滞在者には投票資格を認めるというタイプの条例が現れ始めています。最初が豊中市ですね。次に、神奈川県の逗子市もこのタイプの条例です。

　成蹊大学がある武蔵野市もこのタイプの条例を制定しようとしたら、突然、市役所や吉祥寺駅前に街宣車が多数現れて、外国人に投票資格を認めると市政が乗っ取られるなどと声高に主張されました。結果的に否決されてしまったのですが、最近は外国人の投票資格を認める例も増えています。何しろすでに重要争点型で7件、合併型で192件、合わせて200件ぐらい外国人が投票しています。しかし、市政が乗っ取られたというような例はありませんので、そんなに心配しなくていいのではないかと私は感じています。日本にはすでに外国人労働者が160万人いて、事実上の移民国家だといわれています。日

本は外国と共存していかなければいけないわけですから、住民投票の投票資格を認めるというのは相互理解を深める上でよい機会になるのではないかと個人的には思っていますが、これは条例を制定するその町の人が決めればいいことだと思います。

　次に、発議権者と必要署名数ですが、私は住民にだけ認めて、議会や長には認めないことが適当だと考えています。というのは、議会や長が簡単に発議できるようになると、世論が誘導される可能性があるからです。しかも住民が投票したいと思っていることが重要ですので、住民だけに発議権を認め、署名を集めて住民が発議する、この形が一番適当なのではないかと思っています。

　ここで問題になるのが必要署名数なんですけれども、私は投票資格者総数の10分の１ぐらいが現実的ではないかと感じています。リコールの署名は有権者の３分の１ですが、これは大きな都市ではほとんど不可能に近いです。ですから、10分の１ぐらいが現実的だと思いますが、アメリカの州では、これは参考になると思うんですけれども、前回の州知事選挙の投票総数の大体10％、あるいは15％としているところが多いですね。こうしますと、住民の関心が高くてたくさんの人が投票するところでは、投票率が高いところでは署名数も増えるし、そうじゃないところでは少なくて済むわけですから、これが合理的な考え方じゃないかと思います。ちなみに投票率50％で投票総数の10％とすると投票資格者総数の５％（20分の１）ですから、投票資格者総数の10分の１というのはその２倍となり、これでもかなりハードルは高いといえます。

　次に、投票の成立要件ですが、これは投票率50％未満の場合は不成立、開票もしないという例がかなり多いです。徳島がそうだったんですけれども、徳島があしき先例なんですが、こういう高い投票率を要件にすると、形勢不利な側があんな投票に行くなというボイコット運動を始めるのです。そうすると、徳島の場合も可動堰が必要かどうかを議論しなければいけないのに、投票に行くか行かないかという議論に置き換えられてしまって、議論が深まらないおそれがありました。従って、50％投票率要件というのは非常に有害だと思います。もし要件を決めるのであれば、得票率、例えば賛成か反対の

いずれか過半数となった意見が投票資格者の４分の１に達した時に成立する
としておけば、これは50％の人が投票に行って、その過半数が賛成なり反対
したのと同じことになりますから、現実的に50％投票率と変わりません。し
かし、得票率だったら必ず開票もされますし、買収なども不可能です。過半
数を買収することは不可能ですからね。ですから、得票率のほうが合理的だ
と思います。沖縄県の辺野古の県民投票は得票率要件を採用しました。

　次に、設問の選択肢ですが、世論調査ではないので、政策はするかしない
かのどちらかですから、これはイエス・ノーの二者択一にすべきです。分か
らないなんていう選択肢を入れても民意が曖昧になってしまうだけですから、
必ず二者択一で行う。あと、設問は誰でも分かる明確な内容にする必要があ
ります。愛知県新城市で市道計画の変更を伴う庁舎計画の見直し、伴わない
見直しのどちらを選ぶかというのがありましたが、これでは住民はどっちが
どっちなのか分からなくなってしまいますね。

　投票運動と情報提供については、議論を深めることが必要ですので、原則
として自由、戸別訪問も認めるべきだと思います。あと、情報提供をする際
には、賛否両論を公平に提示することが非常に重要だと思います。

　それから、これは県の条例で県民投票を実施する場合の話ですが、今は国
と地方が対等であるのと同じで、都道府県と市町村も対等です。ですから、
県民投票をやる時に、県が市町村に一方的にやれと言うことはできません。
それで、地方自治法の252条の17の２という規定がありまして、県の条例で
県の事務を市町村の事務とすることができるという規定があります。沖縄の
辺野古の県民投票ではこの規定を使って、投票資格者名簿の調整と投開票事
務の実施を市町村の事務としました。協議が必要なんですが、協議も成立し
て、こういうやり方をしました。県民投票をやる時にはこの点も考えなけれ
ばいけないということです。

　最後に、徳島の住民投票の話を時間の許す限りご紹介したいと思います。
　徳島市の住民投票というのは、吉野川の河口から14.5キロの地点に、江戸
時代につくられた吉野川第十堰という石積みの堰があります。宝暦２年にで
きたそうですが、今現在で270年たっているんですけれども、この石積みの
堰を撤去して、1.5キロ下流に長良川と同じようにゲートが上がったり下

がったりする可動堰を建設するというのが、この住民投票の対象になった事業です。

なんで可動堰にしなければいけないかということなんですが、当時の建設省の説明によりますと、石積みの堰なので、流れを妨げており、150年に一度の大雨が降った時に、上流で危険水位を42センチ越えてしまう。だから、危ないから撤去して、長良川のように可動堰、ゲートが上がったり下がったりする可動堰に替えなければいけないのだというのが国の主張です。最初は塩害防止で、次は利水になったんですけど、コロコロ変わるんですね。最終的には治水上の理由になりました。

現地をご紹介しますと、PowerPoint が出ていると思いますが、これが吉野川の地図なんですけれども、ここが河口ですね。この河口から14.5キロ、ここに江戸時代にできた第十堰があります。これを撤去して、1.5キロ下流に長良川のような可動堰をつくるというのが国の計画です。

これが今の第十堰です。もともと阿波の青石という緑色の石で組まれた、非常にきれいな堰だったんですが、陥没したりした時に上をコンクリートで固めてしまったので、今はこういう形です。これを見てお分かりになるかと思いますが、斜めに設置されているというのが非常に大きな特徴です。これは実は昔の人の大変な知恵なのです。こうやって斜めにしておくと、水が当たった時に分散して流れていくわけです。それによって上流の水位も上がりにくくなるし、堰自体も圧力が分散されて壊れにくくなるんですね。なんでここに江戸時代にこんな堰をつくったかといいますと、もともと吉野川というのはこちら側（北側）を流れていました。ところが、ある時期からこちら側（南側）の流れが非常に大きくなってしまって、もともとの吉野川のほうに水が行かなくなってしまいました。それで農業用水や飲料水に困るということで、当時の農民たちが藩主に願い出て、ここに堰をつくったといわれています。ただ、石積みの堰ですから、確かに大雨が降った時に上流の水位が上がります。

先ほどの話に戻りますが、国は150年に一度の大雨が降ると、危険水位を42センチ越えてしまうというんですね。だったら、42センチ、堤防をかさ上げすればいいと思うんですけれども。ところが、市民団体がいろいろ調べた

ら、この計算は間違っているということが分かりました。といいますのは、第十堰は先ほど見たように、斜めに設置されています。この斜めに設置されている堰の上流の水位計算というのは、今でも、現代の水理学でも正確にできないそうです。計算する時にどうするかというと、計算上は直角の堰があると仮定して計算します。その時に重要なのは、きちんと正確な水位が出るように、計算上の堰の高さと長さを決めなければいけないわけです。建設省がどれぐらいの高さと長さ、幅にしたかということを示した数値ですが、建設省は高さが5.87メートル、長さが615メートルで計算しました。ところが、実際の第十堰というのは、高さが平均すると標高で5.0メートル、長さは815メートルあります。

　つまり、国の計算の仕方は、実際よりも87センチ高い堰が、川を直角にせき止めている、この付近の川幅がちょうど615メートルなんですね。つまり、高くて狭い堰が水をせき止めている、こういう前提で計算しているわけですね。ちょっと時間がありませんので、先に、市民団体は、これはおかしいんじゃないかと考えたんですね。実際の第十堰は高さ5.0メートルですから、少し余裕を持って5.1メートルで計算したらいいんじゃないか。実際の第十堰は815メートルで、川の幅が615メートルなんですね。だから、その中間の715メートルぐらいにしたらちょうどいいんじゃないか、市民団体はこういうふうに考えたんですね。

　これをそれぞれで計算するとどうなるかというのを示したのが、皆さんのお手元に資料があるかと思いますが、それと同じなんですけれども、この図ですね。1974年、昭和49年に吉野川で大水が出ました。その時の実際の水位がこの四角の点です。第十堰があるのがこの13.5キロ地点ですが、一番危険だといわれているのがこの16キロ地点ですね。実際の洪水痕跡は大体12.5メートルぐらいのところだったんですけれども、建設省の計算式を使うと1メートルも高い13.5メートルになってしまいます。上流のほうをずっと見ていきますと、建設省の計算式を使うといずれも実際の水位より高くなってしまいます。ところが、市民団体の、さっきの③の数値を使って計算すると、一番危険だといわれる河口から16キロ地点でぴったり一致していますし、上流のほうは少なくとも実際の洪水痕跡とほぼぴったりなんですね。この第十

堰の辺はちょっと流れが複雑になるので、少し実際の数値とずれていますが、でも、計算上の数値のほうが水位は高いので、安全上は問題がないということになります。

皆さんは、このどちらが正確だと思いますか。実際の水位を反映している市民団体の計算式と、かなり高くなってしまう建設省の計算式と、これを比べてみたら市民団体のほうが正確じゃないかということがお分かりいただけるかと思います。

この両方の計算の仕方で、150年に一度の大雨が降った場合、これは吉野川に毎秒1万9,000立方メートルの水が流れるという数値になるそうですが、この真ん中の実線が計画高水位、これが危険水位なんですね。ここまで来てもいいように堤防を整備するんですが、建設省の計算式を使うと上の太い点線ですが、確かにすべて危険水位を越えています。しかし、市民団体の計算式を使うと、すべての地点で超えることはありません。市民団体の計算が正しければ、この可動堰は全く必要がないということがお分かりいただけたかと思います。

ところが、国と県は一致団結して、可動堰の建設を進めようとしました。そこで、市民団体はきちんと市民の意見を聞いてほしい、住民投票で決めてほしいと考えまして、条例制定の直接請求を始めました。ちょっと皆さんのレジュメは間違っていて、98年と書いてあると思いますが、99年の11月ですね。この時に条例の制定を求める直接請求を始めたんですが、法律上は有権者の50分の1でいいんですね。しかし、市議会で否決されると条例が制定されませんから、住民投票の会は有権者の3分の1の署名を集めることを目標にしました。3分の1の署名が集まるとリコールすることも可能になりますから、市長や議員もびっくりして可決するだろうと、そう考えたのです。

ところが、実際に署名を集めると、これは全戸戸別訪問をしたんですけれども、なんと最終的には有権者の2分の1の署名が集まりました。有効署名数で10万1,535、今でも覚えています。この署名集めは大変な盛り上がりを見せまして、今でもよく覚えているんですけれども、ある日、住民投票の会に警察から電話がかかってきました。ついにわれわれの署名運動も弾圧されるようになったかと思って、ちょっと警戒したんですが、警官が言うには、

逮捕・勾留している被疑者が署名簿を持っている、これは大事なものだと思うのでお返ししたいと電話してきてくれたんですね。これは署名の強要か何かで捕まったのかと思ったら、詐欺師の夫婦なのだそうです。つまり、詐欺師の夫婦が受任者になって署名を集めてくれたのです。そしてそれを捕まえた警察が名簿を返してくれる。このこと一つを見ても、いかにこの署名運動が徳島市民に浸透していたかということがお分かりいただけるかと思います。

　市民の2分の1が署名したのに、翌年2月の市議会で条例案は否決されました。徳島市民は、じゃあ、選挙で市議会の構成を逆転しようということで、住民投票賛成の候補者をたくさん立てました。市民は怒っていましたから、この4月の選挙で市議会の構成が逆転しました。ところが、選挙の時は住民投票に賛成だと言っていた公明党が、突然、時期尚早だと言って反対しだしたんですね。それで独自の条例案を出してきたのですが、これがなかなかひどい条例で、投票期日は別に条例で定めるというんですね。だから、もう一回、市議会が認めないと投票ができないわけです。戸別訪問禁止、罰則付きで禁止するというんですね。さらに、投票率50％未満の場合は不成立、開票もしない、こういう条例だったのです。しかし、それでも否決されると住民投票ができなくなりますから、もう市民団体は妥協して、この公明案でよいということで可決しました。

　結局、その後保守派の方が音を上げてしまいました。もう早く投票をやらないと次の選挙で不利だということで、期日条例が99年の12月に可決されて、住民投票は2000年の1月23日に実施されました。その結果、反対は91.6％に達しました。この結果を持って国会や建設省を回ったんですが、その結果として、第十堰可動堰化の計画は白紙凍結ということになりました。それから10年かかったんですけれども、民主党政権の時に、当時の前原国土交通大臣が可動堰は完全中止と表明しまして、これでやっと完全に中止になった、こういう経過をたどりました。今の話を聞いただけでも、いかに住民投票をやることが大変かということがお分かりいただけたかと思います。

　最後に、まとめになりますけれども、先ほど申し上げたように、多くの事例で住民投票の結果に従って政策が変更されています。住民投票は間接民主制の原則に反するという人がいますが、実は全く逆で、住民投票は間接民主

制を活性化して、本来の役割を回復させているのです。そもそもその地域のことを最もきちんと考えられるのは誰かといえば、それは恐らく永田町の政治家でもないし、霞が関の官僚でもないはずです。むしろそこに住んでいる人々ではないでしょうか。地域のことがよく分かっているわけですし、きちんと考えないと困るのはそこに住んでいる人たちなのですから。私が見た限り、各地の住民投票では、市民はみんなきちんと真面目に考えて投票しています。まさに住民投票は間接民主制を活性化しているということがいえるのではないかと思います。

　それでは、最後は駆け足になってしまいましたが、私のお話は以上とさせていただきます。ご清聴いただき、ありがとうございました。

稲葉：どうもありがとうございました。まだ論じ足りないところがあるかと思いますけれども、質疑応答の時間に回したいと思います。この徳島の吉野川の件ですが、『吉野川住民投票―市民参加のレシピ』という武田さんの著書は今でも手に入るんですね。

武田：はい。2,000部刷って、あと100部ぐらい残っていると、この間、聞きましたから、お早めにお求めください。

稲葉：興味のある方はぜひ、ということですね。それでは、どうもありがとうございました。

シンポジウム　第1報告
「韓国の改正住民投票法の主な内容と特徴」

稲葉：続きまして、2本の報告を用意してあります。初めは、山梨県立大学の申教授によるものでありまして、韓国の住民投票法について、最新情報を含めてお話しいただきます。それでは、申さん、よろしくお願いします。

申：皆さんこんにちは。山梨県立大学国際政策学部の申でございます。本日は住民投票に関して、日韓の比較という視点から、韓国の変化について少し紹介したいと思います。内容は住民投票法を含めまして、法律関係が結構ありますので、私としても理解できていないところがたくさんありますが、ただ、同じ制度を使っている韓国の変化というのは、日本における住民投票、または住民参加の議論に少しでも参考になるのではないかという視点から、今日は紹介したいと思います。よろしくお願いします。それでは、資料のほうに行きたいと思います。

　本日は短い時間ですので、本当に簡単な内容だけまとめて報告したいと思います。資料は2つ用意しております。一つは画面上に出ている資料ともう一つはすでにホームページに掲載されてあります、Word の内容を PDF にした3枚の資料がありますので、そちらをご参照しながら聞いていただきたいと思います。

　韓国では日本と同じような内容の地方自治制度を運用しています。もちろん内容に関しては少し違いがあったりしますが、大枠というんでしょうか、制度的な枠組みからすると、日本の制度を参考にしながら制度導入をして運用していますので、非常に類似しており、ほぼ一緒だと言っても過言ではないかと思います。それは、まず一つに歴史的な要因がありまして、ほとんど戦前、植民地下の時代において制度の近代化というのを同じ内容で経験しております。ですから、ほとんど同じ制度が移植されて、構築されているというふうに理解してもいいのではないかと思います。そういう面で、国際比較等をする際にも、やはり歴史や文化という部分が違う欧米比較とは違いまし

て、韓国との制度、または政策比較というのは、自治体の中に、例えば相互参照みたいな議論等がありますが、ほぼすべての制度・政策において参照ができるという特徴を持っているのではないかと思います。特に地方自治制度、住民参加、または2000年代初頭から急激に進んでいます地方分権改革などはその代表的な分野ではないかと思っております。

　さらに、議院内閣制をとって、戦後の長い間、自民党による政権運営が長くなっている日本と比べまして、韓国の場合はとりわけ1980年代後半、民主化以降は非常に政権選択が頻繁に起こるという状況になっています。それはアメリカ流の大統領制度をとっておりまして、5年1回制、単任制というんですが、5年間で政権が全部完成するということで、非常に速いスピードで政策・制度が動きます。当然、アメリカ流の二大政党制ですから、今現在も保守系と革新系が非常に大きく対立しますし、大統領選挙の結果は0.7％で保守党が勝つという結果になりましたが、その際に、前の政権の政策を全部ひっくり返すというような形が日常的に行われています。ですから、政権交代とともに政策が変わる、いわゆる政策競争が非常に速いスピードで進行するということになります。

　特に今日のテーマと関係あります地方自治の分野に限ってみましても、例えば、保守政権ではなかなか進まない制度が、革新政権の下では特別自治制度が急激に進むことになります。済州道は特別自治道になり、世宗市というのは特別市になっていますが、この辺に関しては川崎市などの政令指定都市が特別自治市を目指しているという側面では参考になるかもしれません。また、住民参加制度の中でも、住民自治会というのを市町村のレベルで導入していまして、例えば市民が参加して予算を決めるというのも義務化しています。その上、後ほど紹介しますが、電子投票を制度化しているので、そういうのでは ICT の活用や DX の観点から参考になるかもしれません。

　民主化は1987年以降に急激に進みまして、1988年には自治法の全部改正が行われます。その後に10年ぐらいのスパンで地方自治の本格的な制度化を準備したりしますが、98年に革新系の大統領が誕生したことをきっかけに、日本型の地方分権改革が急激に進みます。ここにもいくつか書いてありますけども、2004年の地方分権推進特別法が制定されたことをきっかけに、それ以

降、20年にかけて地方分権が制度化して、政策が競われています。ですから、私も日本に来て約30年になりますが、一番最初の時期はいかにして日本の制度を学んで、日本のような安定的な地方自治制度を運用していくのか、こういうのが当時の課題でしたけれども、今は日本より一歩先に行くような制度化が進んでいるというのが現状ではないかと思っています。本日のメインテーマである住民参加に関しては、2004年に法律が制定されます。先ほど武田先生のお話にもありましたけども、日本のような条例の規定ではなくて、住民投票法という法制度が一般法として制定されています。

　また、2005年から2021年までの運用状況を見ましても、住民投票というのは全体で12件が実施されています。15件のうち実施が12件、却下が3件ということと、あと住民召喚も実施したのは11件で、進行中または投票しないまま終結したのが115件、住民訴訟に関しても進行中は10件、それから終結が45件と、日本の住民参加制度に比べますと、絶対的な数においてはやはり非常に少ない事例しか進んでないということが分かります。

　なぜこんなことが生じるかといいますと、実は住民投票の実施が制度的に非常に高い壁になっているということがあります。特に住民投票日の指定に自治体の長の、首長の恣意的な判断によって投票日が動くとか、さらには公職選挙の60日前から選挙日までの間は住民投票を制限するとか、それから先ほども指摘がありましたけども、住民投票が成立するための要件として3分の1要件、開票においても3分の1の過半数制約というのがありまして、これらの条件をクリアするのがなかなか難しいということになります。

　実際、住民投票が行われたものが、行政安全部のホームページに資料が出ていますけども、それを一覧表にしています。一番最初に行った第1号住民投票というのは、2005年の7月に行われました、済州道のいわゆる特別自治道の実施のために行政区域を一本化するという行政区域再編に関する住民投票でありました。これは行政自治部長官、つまり、日本で言うと総務大臣が請求権者になりまして、これは特別自治道を導入する上で、前提条件として行政区域を一本化、単一制度にするということでありました。これは2つの案が提案されまして、広域自治、つまり、一つの団体になる案が、全体の57％を得票しまして、これが通って、済州特別自治道という新しい制度がス

タートしたということになります。

　一方、その後も市町村の統廃合とか、それから国のいわゆる政策、国策という、放射線の廃棄処分場を巡る投票だとか、それから自治体の統廃合、それから空軍の空港の移転問題だとか、こういったものがテーマになった住民投票が行われておりますけど、請求権者の半分は、いわゆる中央行政機関という言い方をしますが、国が請求権者になっているものが半分、それから自治体が請求権者になっているものがあっても、これはほとんど市町村合併、または市合併という内容になっています。ですから、そういった面で非常にテーマが限定されているし、それからどちらかというと、国のほうから要求される住民投票のほうが過半数を占めることになります。

　特徴的なものの中では、今、紹介しました、済州道の行政区域再編、これが一番最初の住民投票でもありましたし、特に統合する、しないを巡って一騎打ちになった、択一の選挙でありまして、非常に厳しい選挙運動が行われたということと、一番最初の住民投票ですが、約6,000人のいわゆる外国の住民が初めて住民投票に参加したという事例を残した選挙でもありました。もう一つは、ソウル市が行った、いわゆる給食の無料化の問題です。これは小学校の学生、いわゆる義務教育を受けている小学校・中学校の学生に対して給食を行うということを争点にした住民投票でありましたけども、ここの問題は、中央政治のやっぱり保守と革新の部分が真正面から対立し、制限を設けるべきだという主張と、一般論で全部提供すべきだというのがぶつかりましたけども、政策の中身よりは、政権にとって利益になるのか否かが、争点になってしまい、ソウル市長が自分の職を懸けて住民投票への参加運動をしたりとか、一方、野党のほうではこういう住民投票には参加しないほうが良いのだということで住民投票をボイコットする運動を展開したりということで、結果的には投票は行われましたけども、投票率が低いということで開票されないということになりました。

　こういったことで、2004年の制度化以降はあまり利用されない、実施されないということが判明したことで、今回の住民投票法の改正の中ではこういった制約要件を削除する、または緩和するということで、住民の自治権をもっと保障して投票率を向上させるということを目的とした改正が行われま

した。また、公職選挙法というのがあるんですが、ここの投票年齢が18歳と
なったことを受けた投票年齢の引き下げ、または電子投票というのを導入し
て、電子投票開票の根拠を制度化したということが今回の法改正の主な内容
です。

　今、画面に出ているのは、今回の改正住民投票法の改正前と改正後を比較
したものでありまして、請求年齢は19歳から18歳まで、あと非常に大事なポ
イントになりますが、請求対象というのが、改正前の場合は地方自治体の主
要決定のうち条例で定める事項というふうに制限されていましたけれども、
改正した後は地方自治体の主要決定のすべてに対して請求が可能になりまし
たということで、請求対象に大きな変化があります。それから、請求方法に
関しても電子投票というのが加わったということと、投票日に関しては発議
が行われた日から23日以降の最初の水曜日ということで投票日が固定された
ということ、それから確定要件・開票要件に大きな変化がありまして、4分
の1以上の投票で過半数の賛成、これは先ほど武田先生のご指摘のあった内
容が反映されたということで、確定要件というのは非常に緩和されたという
ことと、開票要件に関しましても行われた住民投票に関してはすべて開票す
る、つまり、100％開票するということで、従来の3分の1以上の投票に満
たない場合は開票しないという内容が大きく変化したということになります。

　ただ、すべての要件内容が解除になるわけではなくて、住民投票法第7条
には住民投票の除外事項というのがありまして、いくつか書いてあります。
特に日本の場合は地方税とか使用料という、非常に狭い範囲で制限が付くの
に対して、韓国の住民投票法というのはその範囲が日本よりはるかに大きい
と、広いというところが、まだ住民投票の内容を制限する要因になっている
のではないかというふうに思います。

　それから、これから増えていく内容の中で、電子化、つまり、DX とか、
こういう話がいわれていますが、韓国の場合は電子化のスピードが速いとい
うことをベースにしまして、住民参加制度の中に電子化を取り組んだ政策が
進行中であります。特に住民参加に関しては、「住民 e 直接」という名前の
ものなんですが、これがプラットフォームとして構築されまして、電子政府
のサービスの一環でもありますが、プラットフォームにアクセスすることで、

例えば今現在、行われている住民召喚だとか、さまざまな投票に関する部分の一覧表が分かりますし、そこで電子的に申請をしたりとか、あとは代表者の証明書交付を電子的に行ったり、あとは自治法規だとか、さまざまなサービスというのを全部オンライン上で行うことで完結する電子プラットフォームが構築されているということになります。

　あとは、最後に触れたいところなんですが、先ほど武田先生の報告にもありました、韓国でも住民投票法が制定された2004年以降、先ほど紹介した済州道の行政区域統合に関する住民投票から、今、8回目の地方選挙が行われているんですが、その中で特に外国人住民が多い地域では選挙結果に大きな影響が出るんじゃないかという心配がありました。特に韓国の場合は外国人住民という部分、特に選挙権を有する外国人の約8割強が中国の方なんですね。ですから、そうすると、マスコミ等では選挙の際に、特定の民族や人種による選挙によって地域的な利益が失われるんじゃないかというような報道がなされたりしますが、実際、そういうことはなくて、私が今日、用意したデータの中で、2022年度、今年、移民政策研究院が調べたものなんですけれども、第5回・第6回・第7回という統一地方選、日本で言う地方選挙の結果で、全体としては、左側に5回・6回・7回と書いてあるんですが、全体有権者の中で外国人有権者の割合からすると0.03％、または6回は0.12％、7回が0.25％に増えたとはいえ、全体のまだ1％にも満たない数になっています。

　それから、投票率に関しましても、住民投票を含めまして、最初のところの有権者の投票率とかは非常に高い数値でした。例えば2010年に行われた第5回の地方選挙においては、全体有権者の投票率が54.5％に対して、外国人有権者の場合は35.2％、非常に高いほうでしたけども、それが8年後の第7回、前回の2018年の選挙では、全体の有権者が60.2％という投票率に対して、外国人有権者の場合は13.5％というふうに、約4分の1以下に減っています。こういう現象は全体の統計だけではなくて、特に人口集中が多い首都圏地域においても明確に表れていまして、例えば右側にソウルから済州まで16広域団体の投票率をまとめて示してありますが、ゴシックになっている部分が、特にソウル・仁川・京畿という首都圏なんですが、5回から7回までの間、

選挙に関する投票率がそれぞれ3分の1ぐらいに低下をしています。なぜこういうことになるかというと、やはり最初に参政権が認められた時に持つ期待感という部分と、実際、選挙の数が重なることによって、自分たちが考えた以上に物事というのは動かないという部分が分かってくると、やはり投票率に対する期待感が減っていくということになります。

　それから、それ以外の生活の問題として、例えば中国の方が多いということで、まだ中国の内部の地域においては選挙制度に関する理解が十分広がってないわけで、選挙に対する理解が不足する、また言葉の壁があって選挙制度に関する理解が足りないという問題もあります。それから、すべてが生活に余裕があるわけじゃないですから、厳しい生活の中で毎回の選挙に参加するということもなかなか難しいということが、投票率が下がる主な理由として分析されています。こういう状況でありますので、武蔵野市の事情を聞いたんですけども、都会に関しては、もちろん人口が少ない、有権者が少ないところではそういう影響があるかもしれませんけれども、少なくとも大都市においてはそういう心配するような、参政権付与によって乗っ取られるという表現が出ましたけども、そういうことはないんじゃないかというふうに思っております。

　それでは、主な内容に関してはこのぐらいの紹介にしておいて、後ほど質疑応答の中で詳しいことについてはお答えしたいと思います。私としては以上です。

稲葉：どうもありがとうございました。申さんからの報告、韓国の住民投票法についていろいろとご教示いただきまして、ありがとうございました。

　もう一本残っております報告は、わが法学部の山口教授の報告であります。「住民投票実施に向けたハードル」と題して、いろいろと論じられると思います。それでは、山口さん、よろしくお願いします。

シンポジウム　第 2 報告
「住民投票実施に向けたハードル」

山口：立正大学の山口でございます。よろしくお願いします。私の話のタイトルは「住民投票実施に向けたハードル」というものです。まず、住民投票の実施にはどのようなハードルがあるのか、なかなか難しいね、ということから始めて、その後、では、どうしたらいいのだろうか、という流れで話を進めていきます。前半部分は、武田先生からすでにお話がありましたので、わたしからは簡単にお話します。

　住民投票とは、「自治体の住民間において政策的争点になっている事項に関し、住民の投票によって決着を付ける手段としての投票」と定義しました。それには、地方自治法などには直接請求、先ほど武田先生からリコールの話もありましたけれども、それ以外のものがあって、ここでは条例の制定改廃請求を取り上げます。

　条例をつくるということですが、住民投票のうち重要争点に関する住民投票を実施しようとするときには、その根拠としてその都度そのための住民投票条例を制定するのが多数です。しかし、それにはさまざまな壁があります。第 1 に署名数ですね。有権者総数の50分の 1 以上を集めろということです。第 2 に署名収集期間ということで、永遠に署名集めを行ってよいわけではなく、 2 カ月ですとか、 1 カ月ですとか、その範囲内で署名を集めてくれとなっています。第 3 に条例案のハードルで、重要争点型に関して住民投票を実施するためには、そのための条例案を提案する住民の側が作成しなければなりません。対象事案に賛成か反対かという二者択一であれば簡単に作成できそうですが、その他、投票権者の年齢の問題、外国人にまで投票を認めるのかどうか、また、開票要件を設けるのかどうかとか、さまざまな事柄を決めていかなければなりません。結構大変です。

　そうして苦労して住民が条例案をつくっても、第 4 に「長の意見」のハードルが控えています。住民が条例案を直接請求しますと、その条例案に対して長が意見を付けて議会に提案するよう地方自治法で定めています。基本的

に、長が住民投票の対象となる政策を実施したいのであれば、住民からの請求を待つことなく、自ら実施すればいいわけです。したがって、住民による請求のほとんどは、長がやりたくないことに関する請求だといえます。そこで、長の意見としては、住民の請求に反対だ、ということになりがちです。そして最後に、第5の議会のハードルですが、議会としてみれば、長も反対しているし、法的にも問題がありそうだとなれば、これまた反対になりがちです。

　なお、多少古い2017年の新聞記事では、「住民投票各地で門前払い」という見出しの下、さまざまなハードルをクリアして住民が条例案を提案したとしても議会では否決ばかりだ、と指摘しています。

　ここからは考察です。

　これらのように多くのハードルが存在するにもかかわらず、なぜ住民は住民投票を求めるのでしょうか。間接民主制が地方自治の基本だとすれば、自分たちの考えを代理してくれる自治体の長、市長や知事を選出する、また一人でなく何人かということならば、議員は複数いるので、自分たちの意見を反映してくれる議員がたくさんいれば、何も住民投票を求める必要はないと考えられます。しかし、そうではないからこそ、住民は、個別の案件についての住民投票条例を提案しているのだろうと思います。本当にそうなのでしょうか。今日はこういったことをもう少し掘り下げて考えていきたいと思います。

　さまざまなハードルについて、法的なものは、徐々にクリアされてきました。その辺の経緯を見ていきましょう。最初は新潟県の旧巻町の住民投票で、1996年の実施です。これはすでに武田先生からご紹介がありました。この当時の議論には、法律に基づかない住民投票は違法である、という見解がありました。住民投票は、拘束的な効果を求めるものと、参考・尊重義務を課すにとどめるものでありますが、どちらのタイプも違法である。このような見解がありました。しかし、こうした見解は、だんだんと力を失い、クリアされていったのです。

　その後もさまざまな取り組みがあって、実際、旧巻町で条例に基づいて住民投票を行ったという実績があり、こうした実績が各地で積み重なっていっ

たことが大きいと思います。現在では、参考・尊重義務型の住民投票条例の違法論はすでに克服されました。一方、日本の地方自治の基本は間接民主制ですから、住民投票のような形で長や議会の権限を侵す拘束型の住民投票条例は違法だ、と現在でも考えられているようです。そこで、こうしたタイプの住民投票は実施されないのでしょう。

　地方自治法でリコールなどについて書かれていれば、適法となります。要は、地方自治法やこれは別の法律でもいいわけですが、そのような「法律」が制定されれば、拘束型の住民投票条例でも適法になります。しかし、こうした一般的な法律は未制定です。これまでに住民投票が数多く行われてきた時期がありましたので、国でも総務省の中で研究会をつくり、一定の範囲ではありますが、条例による拘束型の住民投票を適法とする報告もなされました。しかし、結局、それが実現することはありませんでした。

　また、別の動きで、住民投票をしても開票しないという取り扱いが増えてきました。先ほども述べましたが、長や議会が住民投票で決めるような政策を実施したいと考えているのなら、何も住民投票をしなくても実施できます。つまり、住民投票の対象にしたいと住民が考えて運動を起こした事項は、長や議会は基本的に反対のものだということですね。そこで、住民投票をやらないわけにはいかないということで実施したとしても、投票数が少なかったなら、住民投票を求める市民は一定数いたけれども、市民全体としてみれば大して関心の高い事項ではなかった、だから投票率が低かった、したがって開票しない、こういう取り扱いが増えてきました。

　次は、住民投票に関する近年の動向です。1996年、これが最初ですね。旧巻町のものですが、そこから2022年7月の10日まででどれぐらいあったのかという調査です。これは重要争点型だけに絞ったもので、市町村合併の是非を問うものは含んでいません。地方自治研究機構という総務省系の研究機関が調べたもので47件が報告されています（図表1）。

　もう1つは、住民投票が実施されなかったものも含めた調査です。これは私が調べたもので、長い期間を調べることができませんでした。5年強の期間、2017年1月から2022年10月までで調べています。こちらは42件です（図

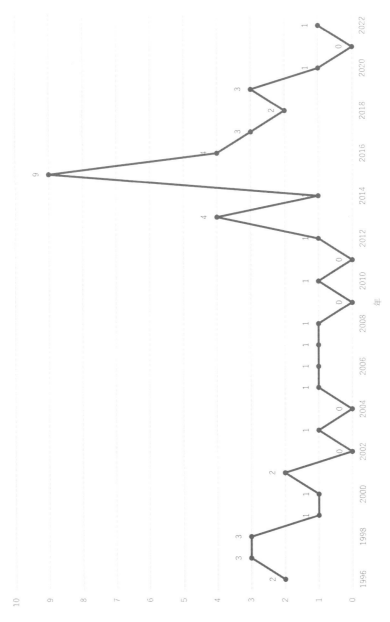

図表 1　条例に基づく住民投票 実施件数

No.	年	月日	自治体名	内容	結末	備考
1	2017	1月30日	大垣市	市庁舎建設延期	条例案否決	直接請求
2		2月19日	輪島市	産業廃棄物最終処分場建設	実施	直接請求→条例制定→不成立（投票率42.02%）
3		7月13日	福島県矢吹町	大型施設の建設の賛否	条例案否決	直接請求
4		7月28日	近江八幡市	市庁舎建設	条例案否決	直接請求
5		9月22日	山梨県富士川町	リニア中央新幹線にかかる防音防災フード設置	条例案否決	長提案
6		10月1日	神栖市	防災アリーナ整備事業に係る規模の見直し賛否	実施	直接請求→条例制定→成立要件なし（投票率33.40%）
7		11月14日	半田市	市立半田病院移転先	条例案否決	直接請求
8		11月26日	野洲市	市立病院整備計画	実施	常設型→議員発議→不成立（投票率48.52%）
9		12月14日	長崎市	「小島養生所」遺構の完全保存	条例案否決	直接請求
10		12月21日	行橋市	図書館建設見直し	条例案否決	直接請求
11	2018	11月18日	篠山市	市名変更	実施	常設型→署名提出→成立（投票率69.79%）
12		12月14日	長崎市	交流拠点施設（MICE）の建設凍結	条例案否決	直接請求
13		12月16日	宇陀市	宿泊事業者誘致・公園整備事業の見直し	実施	直接請求→条例制定→成立（投票率51.32%）
14	2019	2月1日	石垣市	陸上自衛隊の配備	条例案否決	直接請求
15		2月24日	沖縄県	辺野古埋立	実施	直接請求→条例制定→成立（投票率52.48%）
16		3月8日	新宮市	文化複合施設建設計画	条例案否決	直接請求
17		4月7日	浜松市	行政区再編	実施	直接請求→条例制定→成立（投票率55.61%）
18		6月17日	石垣市	陸上自衛隊の配備	条例案否決	議員提案
19		12月8日	御前崎市	産業廃棄物処理施設の設置	実施	直接請求→条例制定→成立（投票率60.81%）
20		12月17日	愛知県美浜町	運動公園整備事業	条例廃止	議員提案→条例制定→実施せず
21	2020	5月14日	甲斐市	バラ園・美術館計画	条例案否決	直接請求
22		6月23日	茨城県	原発再稼働	条例案否決	直接請求
23		8月9日	垂水市	庁舎移転	実施	直接請求→条例制定→成立（投票率68.83%）
24		10月9日	松江市	新庁舎建設計画中断	条例案否決	直接請求
25		11月13日	北海道寿都町	「核のごみ」最終処分場「文献調査」応募	条例案否決	直接請求
26		12月21日	田辺市	新庁舎整備	条例案否決	直接請求
27		12月25日	品川区	羽田空港新ルート	条例案否決	直接請求
28	2021	1月8日	横浜市	IR誘致に関する賛否	条例案否決	直接請求
29		1月20日	佐渡市	新庁舎建設	条例案否決	直接請求
30		2月12日	山梨県富士川町	新庁舎建設	条例案否決	直接請求
31		3月8日	北海道寿都町	「核のごみ」最終処分場「精密調査」	条例修正制定	長提案→「概要調査」＋「精密調査」（未実施）
32		6月17日	交野市	施設一体型小中一貫校の設置に関する賛否	条例案否決	直接請求
33		12月21日	武蔵野市	住民投票条例の制定	条例案否決	長提案
34	2022	1月27日	和歌山市	IR誘致に関する賛否	条例案否決	直接請求
35		2月3日	米子市	島根原発2号機の再稼働	条例案否決	直接請求
36		2月10日	大阪市	IR誘致に関する賛否	条例案否決	議員提案
37		2月15日	松江市	島根原発2号機の再稼働	条例案否決	直接請求
38		2月17日	境港市	島根原発2号機の再稼働	条例案否決	直接請求
39		3月25日	出雲市	島根原発2号機の再稼働	条例案否決	直接請求
40		6月6日	札幌市	2030年冬季オリ・パラ招致	条例案否決	議員提案
41		7月10日	兵庫県上郡町	産業廃棄物最終処分場の設置に関する賛否	実施	長提案→条例制定→成立（投票率68.54%）
42		7月29日	大阪府	IR誘致に関する賛否	条例案否決	直接請求

総括	実施	10	成立	8
	条例案否決	30	—	
	条例制定	10	—	

図表2　住民投票実施に向けての最近の動向（2017年1月～2022年10月）

表2）。

　図表2の下のほうに「総括」とあります。住民投票が実施されたのが10件、また、さまざまなハードルをクリアして住民が条例案を作成し直接請求したものの、結局、議会で否決されたものが30件です。「条例に基づいて実施」ですので、条例は10件制定されています。しかし、10件実施はしましたが、先ほど述べたように、投票率の関係で開票されなかったものが2件あって、成立は8件です。

　提案の方法ですが、長提案もあります。一般の条例案では、多くの案件は長提案になっています。しかし、住民投票条例案では住民が請求するものが多いですね。長提案、長が、自分がそういった政策をやりたければ、住民投票を経ずともそのままやればいいので、多くの場合、あえて住民投票にかけようとするケースは少ないと考えられます。しかし、2件あったのです。それから、議員提案が3件、そして直接請求が25件です。

　近年の特徴を見ていきますと、1つ目が長提案で、今、お話ししたように、長提案の条例案は一般的にはそのまま通るのですが、住民投票条例案では通らなかったものが比較的多いことを指摘しておきます。

　2つ目が議員提案で、こちらも否決が出ています。ちょっと議会に対して悪口を言いますと、議会は長が出してきた提案を多少の議論はするけれども、結局、そのまま通しているといわれていました。しかし、そうではなく、議会の中で議論があって否決に至るようなものも出てきた、そこが特徴です。

　3つ目が直接請求で、こちらが今回のお話のポイントです。結局、間接民主制が基本でありつつも、それで納得できない市民がいるから、直接請求に至ります。これをどう見るか、これが問題の一つです。1つは、二元代表制、長と議会の二元代表制ですが、そこできちんと議論が行われて妥当な結論になっていないと感じ、市民は直接請求を行っているわけです。これを制度的な機能不全と捉える見方があります。一方、もう一つは、市民による直接民主制の要請、これは地方自治制度に内包されたものということで、その内包されたものの主要なものは地方自治法に書かれているところでありますが、そこですべてを書き尽くしているわけでありませんので、プラスアルファで住民が直接請求を行う、これまた地方自治制度に内包されたものなの

だろう、健全な姿なのだろう、と捉える見方があります。

　では、どちらなのか。肯定すべきか、否定すべきかとなります。もし、こういった形で住民投票が実施される状況を否定的に評価する場合には、法律にない仕組みが実施されているのですから、制度を変えることで包摂したらよいとなります。住民投票は何でも対象にできるのではないと考えれば、これはいい、これは駄目ということで、制度を精緻化することが求められてくるのではないでしょうか。こういった対応の評価ということでは、そのような精緻化が好ましいのだろうか、そうではないのか、制度に包摂されることで、結局、そこに包摂されない事項も出てきますが、直接請求ですとか、住民投票をしたいという運動の活力、これらがそがれてしまうのではないか、という懸念が生じます。もし包摂する場合には、どのように制度設計すべきなのでしょうか。参照として韓国住民投票法など、申先生からお話がありましたので、こういったものを参考にしながら制度をつくっていったらどうか、と考えられるところです。

　4つ目の論点ですが、首長選挙や議会議員選挙、これらが事実上の住民投票になっている点です。賛成・反対という大きな政策的対立がある事項について、住民投票ではなく選挙で決しているケースがありますが、こうした状況をどう評価したらよいのでしょうか。住民投票は単一の争点を対象にした投票です。一方、首長選挙などは候補者の人物評価を含む総合的な投票です。これらを単一の争点に収斂させることの是非を考えたいと思います。

　最近はDX、デジタルトランスフォーメーションということで、デジタル化の動きが大きくなってきています。住民投票への活用の可能性はどうなのでしょうか。韓国では「e投票」ですとか、「住民e直接」ですとか、そういう方式があります。DXのDを「デジタル」ではなく「デモクラシー」と捉え直して、民主主義の内容を現代化することはできないでしょうか。さまざまな住民から賛成・反対の議論が湧き起こる事柄については、デジタル化することで投票も簡単になりますので、住民の投票で決着を図る方向にしたらどうなのでしょうか。何も膨大なお金をかけなくても投票できるようになっていくのではないでしょうか。

　5つ目の論点ですが、国政の課題を自治体の住民投票で問うこと、これ

をどのように評価したらよいでしょうか。基地建設、原発の再稼働、そして品川区辺りでは羽田空港の新ルートですとか、こういった事柄が住民投票の対象になったり、対象にしようということで直接請求があったり、といろいろありました。最終決定権者、これは国・大臣だとしても、地元同意が求められるケースもありますので、自治体の意見を表明することは可能なのだろうと思います。どのように意見表明するのか、これについて、住民投票で決していくことは可能なのだろうと考えますが、こういった段階における住民投票であったとしても、議会で否決される例が目立っていると感じます。成立は沖縄県だけですね。不成立では、石垣市は基地建設、茨城県は原発、米子市・境港市・松江市・出雲市、これらは島根原発の再稼働、品川区は羽田空港の新ルートです。

　6つ目の論点になりますが、そもそも住民投票の実施が見られなくなってきたのではないか、と私は感じています。これは一時的な傾向なのでしょうか。冒頭、稲葉先生からご紹介がありましたけれども、2022年7月の兵庫県上郡町の住民投票の前は20年8月の垂水市、約2年に1回しか住民投票が行われなくなってしまいました。これはコロナ禍の影響なのか、それともそもそも長や議員が市民の声に耳を傾けなくなってしまったのでしょうか、私は、このようなことにも問題意識を持っています。もし、長や議員が市民の声に耳を傾けなくなってしまったのでしたら、長や議員は政策判断の根拠を何に置いているのでしょうか。過去の選挙時の支持者の意向なのか、それとも現在の自分の専門的判断を信じているのか、それとも何らかの信念に基づいてのものなのか、さまざまに考えさせられるところです。

　住民投票肯定派からすれば、住民投票は民主的なものだということです。一方、それは人気取りのためのポピュリズムに堕するのではないか、こういった批判がありますし、また感情的・短期的な流行から投票に至っているのではないかという批判もあります。一方、住民投票否定派に対しては、非民主的・エリート主義から住民の意見を聞かないのか、とこのような批判があります。これらの批判に対しては、じっくり考える、専門的、また長期的な視野に基づく決断だといった反論が考えられます。住民投票の対象事項にしても、住民に痛みを伴わせるような政策はどうなのか、増税ですとか、迷

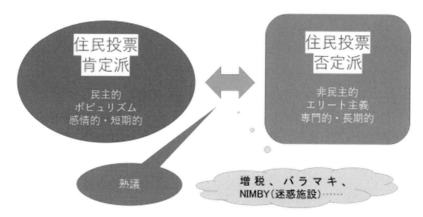

図表3　住民投票肯定派 vs. 否定派の主張

惑施設を建てる場合ですとか、また一方では、住民に対してお金を配っていくようなバラマキはどうなのか、こういったものをすべて住民が決めることが適当なのだろうか、とも考えられます。単純な投票だけでは弊害が目につきますので、熟議、じっくり議論をして、その上で投票する仕組みが求められます（図表3）

　ということで、これで私の話は終わります。問題提起的な部分がありますので、議論を深められればいいと思います。ご清聴どうもありがとうございました。

稲葉：どうもありがとうございました。時間を守っていただきまして、感謝申し上げます。

質疑応答

稲葉：ちょうどあと30分ちょっとあるわけですけれども、これから質疑応答の時間とさせていただきたいと思います。

武田：そうですね。署名収集のやり方についてですが、読み上げますと、「署名活動は請求代表者または受任者が直接署名簿を集める必要があり、回覧は不可だと思います。請求代表者または受任者が家族の一人に署名簿を預け、家族全員に署名簿を書いてもらったものを後日回収する方法は回覧に当たると思いますが、いかがですか」ということです。直接請求をする時の署名は各人、署名者が自筆することが原則です。だから、家族に署名簿を預けて家族全員の署名を書いてもらうことは、許されないという趣旨だと思うんですけれども、それはそのとおりです。署名簿は署名が終わってから選管の審査を受けます。その時に同じ筆跡があったり、住民登録されていない人が署名したりしていると、その署名は無効と判定されます。だから、自署するのが原則です。家族のほかの人の分を書くこともできません。

　署名の閲覧期間というのがありまして、その時に関係人は署名簿を見ることができることになっています。これは地方自治法を制定した時に、署名の公正さを確保するためにこの閲覧制度というのができたんだと思うんですけれども、ただ、逆に誰が署名したのか、あるいは署名者の住所も分かってしまいます。今は個人情報の保護ということも重要な課題になっていますので、現時点では恐らく署名者本人と、あと同世帯の人の署名は見ることができる、あとは基本的に請求代表者と受任者と、選管は当然見られるわけですけれども、これらの人だけが見ることができるというふうに地方自治法を改正する必要があるんじゃないかなと私は思っています。

　といいますのは、先日、徳島市長のリコール運動がありました。3分の1に肉薄するところまで署名が集まったんですけれども、市長が自分の支持者に、あの署名はけしからんから誰が署名したのか名簿を写してこいという指

示をしたようなのです。それで、市長の支持者が連日来て、どんどん署名簿を写していったそうです。これはやっぱり地方都市では市長や市との関係が悪くなることを恐れる住民はすごく多いので、大問題になりました。私も呼ばれて、どうしたらいいのか講演を頼まれて行ったのですが、この閲覧制度も個人情報保護の観点から少し見直しが必要だということですね。あと、原則は先ほど申し上げたように、自分で署名する。これは選挙の投票と、要するに同じなんですよ。以上です。

稲葉：どうもありがとうございました。

申：稲葉先生、今の署名に関する部分なんですが、先ほど紹介した韓国の「住民e直接」というのがあるんですが、これはちょっと画面共有したいと思うんですが。

　こういうふうにプラットフォームというのがありまして、「住民e直接」と書いてあるんですが、ここに住民参加制度に関する、ちょっと文字がハングルなので申し訳ないですけども、ここに請求するとか、署名するというのがあって、例えば先ほどの電子署名の場合、ここ、署名するというのを押すと、今、挙がっている、例えば住民条例案だとか、投票案だとか、こういうのがそれぞれありまして、そこを押すと、またこういうふうにリストになっているわけなんですね。ですから、それぞれのリストにまた、例えば今、ソウル市のほうで青少年の有害薬物の予防教育に関する条例案を出していると。2万5,000人だと。こういう署名欄になります。

　当然ながら、韓国では今、マイナンバーに当たる住民番号というのをもう1960年代から使っていますので、それを入力すると電子署名が可能です。これはリアルタイムで集約されますので、例えば2人がやるのもできないし、重複する場合は必ずアラームみたいに鳴るような仕組みになっているので、そういう形で今、住民の署名を電子化しているということになります。

稲葉：問題は特に今のところ起こってないということですか。
申：導入して1年目なのでまだないですが、恐らくなりすましみたいなもの

は出ると思います。住民登録番号というのはマイナンバーと同じで、結局、個人番号になっているんですけども、選挙の際に家族同士でこの番号でとか、そういうことは恐らく出ると思いますね。ただ、それを電子署名の中でどのように見つけて、全体の署名の、いわゆる公正さを保つのかというところがこの電子署名制度の運用の課題としてかかっているんじゃないかというふうに思います。

稲葉：どうもありがとうございました。。それでは、フリートーキングということでも結構ですし、参加者同士で質問を出し合っても結構なので、あと25分ぐらいありますので、武田さんから、じゃあ、何か。

武田：申先生にお伺いしたいんですけれども、韓国では住民投票法があるわけですよね。そこの法律に基づいて住民投票が実施された時は、その投票結果には法的な拘束力があるということなんでしょうか。

申：あります。住民投票法の中に、投票結果が出た場合は速やかにその結果に対して行政または財政的な措置を取る、というのが首長の責任になっています。

武田：そうなんですね。分かりました。

稲葉：それは改正でそうなったんですか。改正前からそうなっていた？
申：これは2022年の４月の改正の際に入ってきました。

稲葉：そうですよね。前は自治事務に関する場合には拘束力があるけれども、国の事務にはないというような内容だったんですか。それがすべて拘束力があるということになったということですかね。

申：正直なところ、国の事務に関しては拘束力がないんです。なぜかというと、国の、例えば空軍の基地の移転だとか、それから放射性物質の廃棄施設

の建設だとか、こういった類いのものが多いんですが、これを一つの地域の中で決定してしまうということになりますと、国全体の政策が非常に困難になりますから、これはあくまで参考というか、諮問という形にするということになっていまして、研究者の中には、これはあくまでアリバイ工作だと。

　つまり、国策を推進する上で、当該地域の住民の意見は一応、聞いたと。行政手続上、問題はないんだというような指摘をしていますし、結果的にそうなるのであれば、あえてお金を使って住民投票にかけるんじゃなくて、公聴会だとか、政策説明会だとか、こういう従来の制度的なものでも十分間に合うんじゃないかということで、ちょっと制度的な住民投票の在り方というのは変えるべきだという批判的な研究も出ています。

稲葉：改正で対象事項外というのが増えたと理解していいんですか。対象事項に当たらないというか、対象事項の列記に際してこの除外事項にむしろ当たってしまうということですかね、改正後は。

申：改正後にも大きく変わりはないんです。国の事項に関してはあくまで諮問という位置付けになりますから、結果に左右することはなく、ただ、自治体の自治事務に関しては、先ほど武田先生から質問がありましたけれども、拘束力が出ますので、速やかに対処するようにと。さらに、一回、住民投票で決まった案件に関しては、２年間は同じもので住民投票をかけることはできないというふうに法律の中では定められています。

稲葉：これは新しく定められた？

申：そうですね。内容としては2022年の４月の改正案に入ってきております。

武田：例えば辺野古みたいに軍事基地をつくるということになって、その自治体で投票をやって反対多数になった場合に、例えばその自治体の職員とか議会も拘束されないんですか。
申：基本的に請求権者が国の、いわゆる中央行政機関の場合は、選挙結果に

対して拘束されることはありませんが、ただ、法的にはそうなりましても、政治学的には住民の反対がやっぱり過半数を超えて、9割ぐらいになると、これは計画を立てたとしても、国会で法律化したとしても、やっぱり辺野古みたいに実際の実行の上で反対運動にはなりますし、恐らく国会の可決が難しくなるんじゃないかと思います。なぜかというと、韓国の場合は二大政党制なので、どちらかが過激なぐらい反対をしてしまうと、当然ながらこれは選挙に大きな影響が出ますし、国政だけではなく地方選挙、特に市・道という広域団体の選挙で大きく影響を与えてしまいますので、やはりそれは政策の修正をかけることになるんじゃないかと思います。ただ、一回、決まった、いわゆる国政の課題をなしにすることはないので、それは恐らく保留にして、時間がかかる間に政権交代で自然消滅するという形になるというふうに理解しています。

武田：ただ、自治体の議会や長も拘束しないとしたら、いかなる意味で法的拘束力があるということになるんでしょうか。

申：ですから、国策に関しては、国が行っている政策に関しては自治体のほうで拘束力がありませんので、選挙結果がいかなる結果であっても。

武田：それでも投票結果に法的拘束力はあるという前提なんですね。

申：ですから、国の事務に関してはなく、自治事務に関してはあります。

武田：自治事務についてだけ拘束力があると。

申：そうです。

武田：そういうことなんですか。

稲葉：国政事項は諮問的なものだと。

武田：つまり、それは自治体の事務じゃなくて、国の事務だから。

稲葉：そうなんでしょうね。自治事務という概念がちょっと日本とは違うかもしれないけども、要するに自治体の事務だということですよね。

武田：だから、日本は自治事務と法定受託事務とありますけど、両方、自治体の事務ですよね。別にほかに国の事務があって、国の事務には拘束力が及ばないと、そういうことなんですね。

申：そうです。

武田：分かりました。

稲葉：面白いですよね。そういうふうに拘束型と非拘束型を混合して、どういうふうに分けるかというところでは問題が出るかもしれないけれども、拘束型がいいという人が増えれば、取りあえずそういう半分拘束・半分非拘束でやるとかっていうことは考えられますよね。何がいいのかはともかくとして。

武田：私もメンバーになっていた住民投票立法フォーラムという市民団体があって、亡くなった新藤宗幸先生が会長だったんですけれども、あと逗子市長だった富野暉一郎さんとか、あとジャーナリストの今井一さんとか、そういう人たちが集まって住民投票法案をつくったんですよ、もうだいぶ前ですけれども。それはやっぱり拘束力がないと意味がないだろうということで、実施した自治体の長と議会は結果に従わなければいけないという規定にしたんですよね。そうすると、地元の同意なしにできる国の事業なんて実際はないので、実質的にはかなり拘束力を持つと考えたんですよね。これ、当時、議員立法で国会に出してもらおうと言って、それで衆議院法制局に見てもらったんですって。どういうルートを取ったのか知りませんけれども。そしたら、この法律は別に他の法律と矛盾抵触はないと、提案しても構わないと

いう、そういうお墨付きをもらったらしいですよ。私もそう思いますけれども。

稲葉：で、どうなったんですか。

武田：確か審議未了で廃案になったはずです。だから、そういう、でっち上げに近いですけれども、それなりにみんなで真面目に考えた拘束力のある住民投票法案は一応、ないわけではないということなんですけどね。

　じゃあ、もう一ついいですか、質問しても。山口先生にお尋ねしたいんですけれども、最後に、民主主義には選挙だけじゃなくて、熟議、熟慮が必要だとおっしゃられていましたよね。それは全くそのとおりだと思うんですよね。多数決原理だけですべてを決めるということにはやっぱり限界があって、国民、あるいは住民の熟慮と参加が民主主義には不可欠なんだという議論が結構、アメリカなんかでもなされているそうなんですけれども、私が見る限りでは、例えば徳島市で住民投票をやった時に、住民投票そのものがまさに可動堰問題について熟慮するための議論のフォーラムだったと思うんですよね。特に徳島では、反対のための住民投票運動には絶対にしないようにしようと住民投票の会は考えていまして、可動堰が本当に必要なのか不要なのか、科学的・客観的に議論しようと、そういうスタンスを貫いたんですよね。その結果として、当時の建設省もいろんな会合に出てきて、なぜ可動堰が必要なのか説明しなきゃいけなくなったんですよね。

　つまり、推進派と反対派が同じテーブルに着いて客観的に議論する中で、さっき申し上げたような水位計算の誤りということも明らかになったのです。これは当時、徳島方式と言って、すごく注目されました。推進派と反対派が同じテーブルに着いて、冷静に議論をしたと。今、振り返ると、まさに住民投票そのものが熟慮の場だったし、多くの市民がその議論を聞いて、なるほど、危険水位を越えないという計算のほうが合理的じゃないかと考えたから、90％反対意見が集まったのです。つまり、住民投票そのものが熟慮の場だったと思うんですが、山口先生はその点、いかがでしょうか。

山口：私もそのとおりだと思います。吉野川可動堰みたいなところはそうなのですが、一方、今まで住民投票を求めていた運動がすべてそうなのかというと、違うのもあるのかなと。結局、住民の利害関係は結構違っている部分があって、例えば、所沢市で小中学校のクーラー設置の是非を問う住民投票がありましたけれども、自分たちの子どもが生徒として学校へ通っているとクーラーを付けてくれとなりがちです。一方、もう自分たちの子どもは小中学校へ行ってないとなると無関心な人が多いですし、関心がある人であってもそんなことにお金を使うのだったら別のところに使ってくれですとか。利害関係者が錯綜している場合、市民全体で投票して決めるのがいいのか、というようなことが頭に浮かびます。

　もう一つが北本市の住民投票で、新駅をつくるべきかどうかという案件なのですが、新駅設置予定地近くに住んでいる人は駅をつくることに賛成します。しかし、使わない市民だったり、また多くの沿線利用者は、駅ができると電車が余計に停まって遅くなるじゃないかということで、駅はつくらないほうがいいと言うわけなのですね。けれども、つくる・つくらないと言う意見は、北本市民でなければ投票できないので、前段の熟議に参加しづらい。熟議が必要だというのはそのとおりなのですけど、熟議に誰が参加し議論するのだろうか、という参加主体に関して課題があろうと。これらの課題をどうしたら制度化できるのか考えています。

武田：徳島の場合も可動堰をつくる理由というのが、150年に一度の大雨が降った時に洪水が起こるということだったのです。結局、第十堰の上流、河口から16キロ地点があふれるんだといわれていたのですけれども、そうだとすると、洪水の影響を受けるエリアというのはかなり限られるんですよね。だから、洪水の影響を受けない人は関心がないのではないかと一時はいわれていたのですけれども、これもすごく面白いのですけれども、賛成か反対か、地元のマスコミが世論調査したんですけれども、堰の周辺で洪水の被害を受けるところほど反対意見が強かったんですよ。ほかの地域の人たちも、自分のところはあふれないから関係ないというスタンスをとる人はほとんどいなかったんです。やっぱり徳島の顔である吉野川が長良川みたいになったら困

ると。しかも財政負担だって、徳島県民一人当たり12万5,000円といわれていましたから、やっぱり洪水の被害を受けないところの人たちもかなり真剣に一緒に考えたんですよね。

　私の見る限りほかの住民投票でも、実際に住民投票があると、自分には関係ないというスタンスをとる例はもちろんありますけれども、意外とそういうケースはなくて、投票が行われるとみんな一生懸命考えたんじゃないかという印象があります。所沢市だって、子どもがいない人や、自分の子どもはもう卒業したと言えばそれまでですけれども、でも、やっぱり所沢とか日本の将来を考えたら、子どもたちの教育環境はもっと手厚くしなきゃいけないんじゃないかと多くの人は考えたのではないかと思います。だから、あんまりそういう地域的・個人的な利害は問題にならないのではないか。小平のケースなんかは都道をつくって玉川上水の風景が失われるということだったんですけど、あの場合もちょっと離れたところの人は関心が薄いという傾向はあったかもしれませんが、そのエリア以外の人は関心が低いということでは全くなかったですよね、あの時も。だから、意外と地域エゴみたいなものはないんじゃないかなと私は感じています。

山口：私は住民投票反対ではなくて、むしろ肯定派です。しかし、拘束型になじまない案件もあるだろうとの思いは持っています。一方、参考にするだけ、尊重するだけであれば、たとえ投票率が低くても開票し、それらの結果を踏まえて為政者、決定者、長なり議会なりが判断すればいいのではないか、と考えています。

武田：それはご報告の中で、その点は十分感じ取れました。

稲葉：山口さんが最後の項目で取り上げた、現状をどういうふうに見るかという問題ですけど、やっぱり少し勢いが落ちているというか、陰りが見られるというような把握でいいんですかね。

山口：結論は出しにくいのですが、いっときより減ったなと感じています。

46

2000年前後には地方分権の動きがあって、地方分権の結果、自治体が自己決定するのであれば住民の意見を聞かなければ駄目だということで、その手段として住民投票が重要なのだという流れがありました。しかし、最近は地方分権自体が政策的争点から外れてしまっています。こうした動向に連動し住民投票の実施がなくなってきたのではないか、と感じているところです。

武田：あと、やっぱり条例が否決されてしまうんですよね。垂水市の直後に、静岡市の清水庁舎移転計画に関する住民投票条例も否決されました。あと、横浜市でカジノ誘致の是非を問う住民投票をぜひやってほしいということで、これは政令指定都市ですから人口300万以上のところで本当に大変だったんですけれども、このコロナ禍の中でかなりの署名が集まったんですよね。あれは結局、市長選挙で決着がついたので、投票をやらなくても目的は達成できたんですけれども、こうやって見ると、投票を求める動き自体は少なからずあるし、横浜なんかはすごく大きな事例でしたから、やっぱり条例が否決されてしまって実施に至らないということが、件数が増えない大きな要因ではありますよね。あと、コロナですごくやりにくかったというのはあります。

稲葉：それはあると思いますけどね、コロナの影響というのは。あと、そうすると、2〜3年様子を見て、ということになりますか。

武田：そうですね。

稲葉：あと、何か申さんのほうからお聞きしたいこととか、ありましたら。いいですか、もう。

申：私は一つ、これは比較の観点からの質問なんですが、このシンポジウムの報告を準備する間にいろいろ見て、これはどうなんだろうと思ったんですが、やっぱり大統領制の影響なのか、韓国の自治体は首長選挙も非常に盛り上がるんです。盛り上がるというか、一騎打ちが多いんです、二大政党制の影響なのか。ですから、どちらかというと、自治体レベルで必要な、いわゆ

る住民投票の対象になりそうなものが、いわゆる首長選挙を通じて、そこで全部行われてしまうと。あとは、2010年代以降、自治体の中にある、いわゆる町内会レベルでの住民自治組織みたいなものをつくって、そこに一定の予算を与えて、住民参加制度みたいなものをやっているので、ですから、小さい案件、例えば先ほど山口先生がおっしゃったように、所沢の小学校にエアコンを付ける、付けないとか、こういったものは、住民投票のレベルよりは、その下の住民自治の中で重点的な予算選択の中での住民選挙みたいになってしまうので、こうなりますと、どうしても韓国の場合は、例えば今回の改正で開票の条件を緩和したりしたとしても、今後、住民投票の数はそんなに増えないんじゃないかというふうに私は感じてしまったんですね。

　国政は国政でやるわけだし、あと自治体レベルだったら首長選挙でやるわけだし、あとそれ以下のものは下の住民自治会のレベルで解決するという話なので、そうすると、日本型みたいに住民投票ですべてを解決しようとするような動きは、韓国ではちょっと動きとしては出にくいんじゃないかというふうに感じてしまったので、その辺はどう理解すればいいんでしょうか。

武田：それはたぶん韓国では選挙の際にきちんと争点が明示されているんですよ。横浜の市長選だって、林市長という現職の市長がカジノを推進していて、カジノおばさんなんていわれていましたけれども、前に当選した時は、選挙の時に何もカジノのことは言わなかったんですよね。むしろ反対だ、みたいなことを言っていたんですよ。それが任期中に急にカジノ推進に変わって。だから、日本では選挙の時に争点がぼかされるという、隠されるという傾向が結構あるんですよ。それで、住民投票ということになる面があると思いますね。

申：ありがとうございました。そうした場合は、やはり選挙の中で明確に争点を設定するのが優先、先じゃないかという気がしますね。

武田：そうですね。選挙がきちんと機能していれば、住民投票なんていう面倒くさいことをやる必要は本来ないはずなんです。

申：ありがとうございました。

稲葉：まだいろいろとお有りになると思いますけれども、予定した時刻になりましたので、この辺で閉会にさせていただきたいと存じます。

稲葉：最後になりますが、早川法学部長よりごあいさつをさせていただきたいと思います。
　早川先生、よろしくお願いします。

早川：稲葉先生、ありがとうございます。ただ今、ご紹介いただきました、立正大学法学部長の早川誠と申します。先生方、本日は非常に重要な議論をご提示いただき、どうもありがとうございました。また、本日のこのシンポジウムにご参加いただいた皆さまにもこころより感謝申し上げます。おかげさまをもちまして、大変大勢の方にご参加いただき、また議論も非常に活発に交わされまして、有意義な会になったのではないかと私としては考えております。武田先生からは住民投票の実施に伴う難しい問題も含めて、その重要性、あるいは意義といったものについて、重要な基調講演をいただきました。また、申先生・山口先生からは比較の観点、それからいくつかの事例等を含めまして、重要な論点をお示しいただいたと思います。改めて御礼申し上げます。
　昨今、大学も所在地域への地域貢献を強く求められるようになっておりまして、本日のご講演・ご報告を伺いながら、立正大学、本学も品川区・東京都だけでなく、埼玉県の熊谷市のほうにもキャンパスを持っているんですけれども、そうした地域の問題解決にどのように貢献していったらよいかと私としても深く考えさせられました。ちょうど武田先生と山口先生のやりとりを伺っていまして、恐らくお2人とも住民投票の重要性ということについては全く異論がないと思うんですけれども、ただ、それをどのぐらい実効的なものにしていくのか、その手段があるのかということについて、いろいろお考えがあるのだろうなというふうに私としては伺っておりました。
　私自身はもうちょっと抽象的な、政治理論という分野の研究者なんですけ

れども、その分野では今、こうした住民投票も含めてということだと思うのですが、熟議をしていく、それから住民が参加して議論をしていく場合に、どのような制度設計をしていったらそれが有効なものになるのかという観点からの研究が、実証研究も含めて、進んでおります。そういったことから考えますと、例えば仮に今までは住民投票はうまくいかないことがあったんだけれども、この部分をもう少し制度設計をしっかりやれば、実は本当はうまくいった住民投票だったのではないかというケースもかなりあるんじゃないかと思うんですね。そうしますと、研究教育機関として、例えば武田先生のレジュメにもございましたけれども、公平に論点を提示するとか、あるいは議論を積極的に促進していくとか、そうしたことに地域の大学として貢献できることも多々あるのではないかというように、議論を伺いながら感じていた次第でございます。

　今後、地域からの民主主義がより活発で、密度の濃いものになりますように、法学部・法制研究所としても、毎年開催のシンポジウムを含めて、努力を続けていきたいというふうに考えております。改めて、本日、ご登壇いただいた先生方、そしてご参加・ご視聴いただいた皆さまに重ねての感謝を申し上げまして、私からの閉会のあいさつとさせていただきます。本日は誠にどうもありがとうございました。

稲葉：どうもありがとうございました。これをもちまして、シンポジウムを閉じさせていただきます。本日はご参加いただき、ありがとうございました。

編者・執筆者一覧（掲載順）

稲 葉　　馨　（立正大学法学部教授）

川眞田嘉壽子　（立正大学法制研究所長）

武 田 真 一 郎　（成蹊大学法学部教授）

申　　龍　徹　（山梨県立大学国際政策学部教授）

山 口 道 昭　（立正大学法学部教授）

※肩書きはシンポジウム開催当時のもの

グリーンブックレット　16

住民参加・住民投票を考える

2024年3月20日　初版第1刷発行

編著者　　稲　葉　　　馨

　　　　　川 眞 田 嘉 壽 子

発行者　　阿　部　成　一

162-0041　東京都新宿区早稲田鶴巻町514番地

発行所　株式会社　成 文 堂

電話 03(3203)9201(代)　Fax 03(3203)9206

http://www.seibundoh.co.jp

製版・印刷・製本　藤原印刷　　　　　　検印省略

☆乱丁・落丁本はおとりかえいたします☆

Ⓒ 2024 稲葉、川眞田

ISBN978-4-7923-9288-8　C3032

定価（本体800円＋税）

グリーンブックレット刊行の辞

　グリーンブックレットの刊行は，立正大学法学部の日頃の教育研究活動の成果の一端を社会に還元しようとするものです。執筆者の個人的な成果ではなく，組織的な学部プロジェクトの成果です。私たちが高等教育機関としてその社会的使命をいかに自覚し，どのような人材育成上の理念や視点を貫きながら取り組んできているのかが，シリーズを通しておわかりいただけるはずです。したがって，グリーンブックレットの刊行は私たちの現状の姿そのものを世間に映し出す機会であるといっても過言ではありません。

　グリーンブックレットの「グリーン」は，立正大学のスクールカラーです。これは，大学の花である「橘」が常緑であることに由来するもので，新生の息吹と悠久の活力を表しています。現在の社会の抱えるさまざまな問題や矛盾を克服することは容易ではありませんが，次の社会を支える若い世代が，健全で，勇気と希望を持って成長し続ける限り，より良い未来を期待する事ができるものと信じます。そうした若い世代の芽吹きの一助たらん事を願って，このグリーンブックレットを刊行いたします。

　　2009（平成21）年12月

立正大学法学部長

鈴　木　隆　史